Ratgeber

Smoothie-Bowls

Gesundes Powerfrühstück

garant

INHALT

VORWORT

Dank des Internets verbreiten sich Food-Trends heutzutage so schnell wie nie, und oft landen sie binnen kürzester Zeit wortwörtlich in aller Munde. Smoothie-Bowls sind ein solches Phänomen: Als viel geklicktes Highlight bei Instagram eroberten sie sich innerhalb weniger Monate einen festen Platz auf dem täglichen Speiseplan gesundheitsbewusster Genießer. Dafür gibt es gleich mehrere Gründe: Smoothie-Bowls sind unheimlich lecker und gesund, sehen fantastisch aus und lassen sich ganz einfach zubereiten. Alles, was man dafür braucht, ist frisches Obst und Gemüse nach eigenem Gusto plus einen gut arbeitenden Mixer, der das Ganze püriert. Im Handumdrehen zaubern Sie so ein gehaltvolles, vitamin- und nährstoffreiches Frühstück, das auch noch köstlich schmeckt. Smoothie-Bowls sind außerdem eine echte Alternative für alle, die „etwas zwischen die Zähne brauchen". Denn anders als die bekannten Smoothies sind sie dickflüssiger und zum Löffeln geeignet. Dank individueller Toppings bieten sie außerdem immer auch etwas Biss. Bei der Zusammenstellung von Smoothie-Bowls existieren keine Grenzen: Es gibt süße Bowls, kernige Varianten, herbe Geschmacksrichtungen und besonders gesunde Smoothie-Bowls mit Superfoods. In diesem Rezeptbuch finden Sie für jede Kategorie und jeden Geschmack die passenden Rezeptideen. Entdecken Sie eine Mango-Bananen-Bowl mit besonders cremiger Konsistenz oder verlieben Sie sich in eine aromatische Kirsch-Bowl mit Gewürzen. Starten Sie gesund in den Tag mit einer Grünen Detox-Bowl oder genießen Sie den morgendlichen Frischekick einer leichten Kiwi-Gurken-Bowl. Ganz gleich, ob zum Frühstück, als Snack für die Mittagspause oder als kalorienbewusstes Abendessen – eine selbst zubereitete Smoothie-Bowl sorgt garantiert für jede Menge Energie und gute Laune.

Trendfood Smoothie-Bowls

Gesunde Food-Trends gibt es viele: Clean Eating, Low Carb, Superfoods – zahllose Food-Blogs im Netz und große Plattformen wie Instagram sind voll von neuen und abwechslungsreichen Rezepten. Jüngeres Aussehen, verbesserte Vitalität, eine schlanke Figur und ein gesunder Körper gehören zu den klassischen Versprechen, die solche Food-Trends mit sich bringen. Leider lassen sich nur die wenigsten dieser Trends und Ideen einfach und unkompliziert in den Alltag integrieren. Komplizierte Rezepte, ausgefallene und oftmals teure Zutaten plus kostspielige Gerätschaften, die für die Zubereitung benötigt werden, strapazieren nicht nur Geduld und Nerven, sondern auch den eigenen Geldbeutel. Bei Smoothie-Bowls hingegen ist das anders.

Smoothie-Bowls sind gesund, schmecken hervorragend und lassen sich je nach Rezept im Handumdrehen zubereiten. Doch was genau sind eigentlich diese geheimnisvollen Smoothie-Bowls, von denen Foodies, berühmte Schauspieler und auch Gesundheitsexperten aktuell gar nicht mehr genug bekommen können? Tatsächlich sind Smoothie-Bowls so etwas wie die etwas exotischen Verwandten der klassischen Smoothies. Diese lassen sich hierzulande mittlerweile praktisch an jeder Ecke finden: dickflüssige Säfte aus püriertem Obst und Gemüse. Sie schmecken zwar gut und sind gesund, machen die meisten Genießer aber nicht richtig satt. Was fehlt, ist meist der richtige „Biss“, das Gefühl, beim Essen etwas zwischen den Zähnen zu haben. Deshalb bleiben viele Menschen gerade am frühen Morgen doch lieber bei ihrem klassischen Müsli und verzichten auf die Extraportion Obst und Gemüse.

Smoothie-Bowls hingegen haben jede Menge Biss: Sie sind dickflüssiger als normale Smoothies und können dadurch wie ein Müsli mit dem Löffel verspeist werden. Außerdem besitzen Smoothie-Bowls sogenannte Toppings, die aus verschiedenen Zutaten bestehen und je nach Geschmack für eine knusprige, bissfeste oder knackige Komponente sorgen. Gleichzeitig sind Smoothie-Bowls natürlich genauso ge-

sund wie ihre flüssigen Verwandten und sorgen dank ihres einzigartigen Power-Geschmacks für einen energiegeladenen Start in den Tag. In diesem Rezeptbuch finden Sie zahlreiche Ideen für abwechslungsreiche Smoothie-Bowls, die Sie entweder 1:1 umsetzen oder als Inspiration für eigene Kreationen nutzen können. Denn Smoothie-Bowls sind gerade auch deshalb so beliebt, weil sie individuell und vielseitig sind.

Warum ein gesundes Frühstück so wichtig ist

Obwohl die meisten Menschen wissen, dass ein gesundes Frühstück die wichtigste Voraussetzung für einen guten Start in den Tag ist, verzichten immer mehr Menschen darauf. Eine schnelle Tasse Kaffee oder ein Snack für unterwegs – das wird schon reichen, um die Zeit bis zur Mittagspause zu überbrücken. Tatsächlich ist aber das Gegenteil der Fall: Wer morgens nicht richtig frühstückt, beginnt den Tag mit leeren Energiespeichern, und was das bedeutet, kann sich jeder vorstellen. Schon am Vormittag schleicht sich Müdigkeit ein, man fühlt sich unkonzentriert und schlapp, die Laune sinkt in den Keller. Das hat ganz einfache Gründe: Während der Ruhephase in der Nacht nimmt der Körper keine Nahrung zu sich, verbrennt

aber trotzdem eifrig Energie. Am Morgen müssen die Speicher dann schleunigst wieder aufgefüllt werden, damit Körper und Geist fit werden.
Mit Ihrem morgendlichen Speiseplan stellen Sie die Weichen für Ihren Start in den Tag. Damit dieser besonders gut gelingt, kommt es aber nicht nur darauf an, dass Sie etwas essen. Auch was Sie zu sich nehmen, spielt eine entscheidende Rolle. Fette und besonders kalorienhaltige Speisen, wie Pfannkuchen mit Ahornsirup oder Rühreier mit Speck, schmecken vielleicht besonders gut, sind aber alles andere als gesundheitsbewusst. Ein gesundes Frühstück sollte aus folgenden Komponenten bestehen:

- Ballaststoffe
- Proteine
- gesunde Fette
- komplexe Kohlenhydrate
- Vitamine und Mineralstoffe

Die Energiespeicher werden dank komplexer Kohlenhydrate, wie sie beispielsweise in Äpfeln, Birnen, Karotten, Grünkohl oder auch diversen Vollkornprodukten enthalten sind, langsam aufgefüllt. Zusammen mit den Ballaststoffen sorgen komplexe Kohlenhydrate nicht nur für ein lang anhaltendes Sättigungsgefühl, sondern beugen auch den ungeliebten Heißhungerattacken vor. Vitamine und Mineralstoffe sind typischerweise in Obst und Gemüse zu finden und sorgen am Morgen für den nötigen Vitalitätskick. Proteine sind für den Körper unverzichtbar, da sie im Gehirn sowie in der Muskulatur benötigt werden. Milchprodukte, aber auch Nüsse oder Saaten eignen sich hierfür hervorragend. Sie enthalten auch die gesunden Fette, die für die Stoffwechselaktivitäten benötigt werden. Je nach Rezept können Smoothie-Bowls genau diese Komponenten beinhalten und so einen aus ernährungswissenschaftlicher Sicht perfekten Start in den Tag generieren.

Selbermachen ist Trumpf!

Morgens muss es manchmal schnell gehen. Wenn es am Abend vorher ein wenig später geworden ist, der Wecker Sie im Stich gelassen hat oder Sie vor der Arbeit noch ein paar Erledigungen über die Bühne bringen müssen, wirkt morgens jeder Handgriff zeit- und kräfteraubend. Gemüse zu schneiden, Obst zu entkernen und

ein liebevolles Topping für eine Smoothie-Bowl zusammenzustellen scheint in solchen Momenten undenkbar. Viel zu häufig greifen wir deshalb auf Fertigprodukte zurück. Doch was genau in diesen Produkten steckt und wie die Zubereitung abläuft, können wir im Normalfall nur erahnen.
Dabei kommt es gerade bei einem gesunden Snack wie einer Smoothie-Bowl auf die richtige Zubereitung und die Inhalte an. Nur frisches Obst und Gemüse, das nicht erhitzt wurde, besitzt alle Vitamine und Nährstoffe, die bei einem gesunden Frühstück so wichtig sind. Raffinierte Zucker, Konservierungsmittel, künstliche Aromen oder andere Zusätze haben in einer gesunden Smoothie-Bowl ebenfalls nichts verloren. Bei einer selbst hergestellten Smoothie-Bowl haben Sie dementsprechend immer die volle Kontrolle: Sie entscheiden selbst, was drin ist, und auch für die richtige Zubereitung sind Sie selbst verantwortlich. Dafür lohnt es sich unter Umständen sogar, ein bisschen früher aufzustehen. Zudem sind einige der zahlreichen Rezepte in diesem Buch so konzipiert worden, dass sie sich besonders schnell und mit wenig Mühe zubereiten lassen.

Welche Arten von Smoothie-Bowls gibt es?

Smoothie-Bowl ist nicht gleich Smoothie-Bowl. Es gibt die gesunden Power-Mahlzeiten in den unterschiedlichsten Varianten, und theoretisch kann jeder sich seine Smoothie-Bowl nach seinem ganz persönlichen Geschmack zusammenstellen. Eine grundlegende Klassifizierung ist aber dennoch möglich: Es gibt die typisch bunten Smoothie-Bowls, die mit allerlei Obst zusammengestellt werden, und es gibt die grünen Smoothie-Bowls, deren Hauptbestandteil grüne Gemüsesorten sind. Bunte Smoothie-Bowls sind eher etwas für alle Naschkatzen, die schon am frühen Morgen ein echtes Genuss-Highlight erleben möchten. Durch Zutaten wie Bananen, Mangos, Ananas oder verschiedene Beerenfrüchte werden die Geschmacksnerven stimuliert, und der enthaltene Fruchtzucker sorgt für einen süßen Geschmack. Grüne Smoothie-Bowls sind dagegen besonders gut für alle kalorienbewussten Genießer geeignet. Typischerweise besitzen die meisten grünen Gemüsesorten deutlich weniger Kalorien als Obst. Auch ihr Zuckergehalt ist wesentlich niedriger. Dadurch schmecken grüne Smoothie-Bowls eher etwas herb und würzig, auf der anderen Seite sind sie aber auch besonders gut für eine schlanke Linie geeignet.

Smoothie-Bowl – die Komponenten

Eine Smoothie-Bowl besteht normalerweise aus drei bis vier Gruppen verschiedener Komponenten. Selbstverständlich sind Variationen oder individuelle Abwandlungen immer möglich. Grundsätzlich lässt sich folgende Unterteilung vornehmen:

Obst & Gemüse – die Basis für eine Smoothie-Bowl

Eine Smoothie-Bowl ohne Obst oder Gemüse ist keine Smoothie-Bowl. Mehr Regeln gibt es bei der individuellen Zusammenstellung eigentlich nicht. Genau deshalb sind die Rezepte rund um Smoothie-Bowls auch derart vielseitig: Erlaubt ist, was Spaß macht und gut schmeckt. Bananen, Maracuja, Drachenfrucht, Heidelbeeren, Kiwi – sie alle bringen für eine gesunde Ernährung viele Pluspunkte mit sich und schmecken außerdem noch köstlich. Dennoch sollte man bei der Zusammenstellung einer Smoothie-Bowl im besten Fall auf die Farben der Früchte achten.

Ansonsten wird das Innere der Bowl sehr schnell zu einem braunen Einheitsbrei, der wenig Appetit macht. Ein bisschen Ausprobieren ist deshalb angeraten.

Für die Zubereitung einer lecker-cremigen Smoothie-Bowl braucht es normalerweise nicht mehr als eine Tasse Obst bzw. Gemüse. Beides sollte entkernt und gegebenenfalls von Schale befreit werden. Wer Obstsorten mit hohem oder sehr niedrigem Flüssigkeitsgehalt nutzt, sollte dies unter Umständen bei der Zugabe der flüssigen Komponenten berücksichtigen. Bananen benötigen beispielsweise meist mehr zusätzliche Flüssigkeit als Mangos oder Ananas.

Flüssigkeit – macht die Smoothie-Bowl schön cremig

In eine cremige Smoothie-Bowl, die zum Auslöffeln einlädt, gehört normalerweise eine gute halbe Tasse Flüssigkeit. Wie bereits erwähnt wurde, ist dies ein nur ein Richtwert, und je nach verwendeten Zutaten muss die Menge der Flüssigkeit gegebenenfalls etwas variiert werden. Die Flüssigkeit lässt eine Smoothie-Bowl cremig werden und sorgt dementsprechend für die richtige Konsistenz.
Theoretisch lassen sich alle Flüssigkeiten kombinieren: Besonders kalorienbewusst wird es durch die Beigabe von klarem Wasser. Einen zusätzlichen Vitamin-C-Booster bekommt die Smoothie-Bowl dagegen durch frisch gepressten Orangensaft, leckeren Apfelsaft oder andere möglichst unbehandelte oder direkt frisch gepresste Fruchtsäfte. Wer es gehaltvoller und cremiger liebt, der kann auch Joghurt, Quark oder entsprechende pflanzliche Alternativen verwenden. Dadurch erhöht sich aber automatisch auch der Kaloriengehalt der Smoothie-Bowl. Eine gute Wahl sind auch verschiedene Milchsorten: Klassische Kuhmilch, herbe Ziegenmilch, selbstgemachte Mandelmilch, Hafermilch, Haselnussmilch oder cremige Kokosmilch harmonieren perfekt mit den unterschiedlichsten Zutaten und bringen jeweils einen zusätzlichen Eigengeschmack mit sich.

Süßungsmittel – Weniger ist mehr

Wer sich jeden Morgen eine frische Smoothie-Bowl zubereitet, um Gewicht zu verlieren oder seine schlanke Linie zu halten, der sollte von Süßungsmitteln lieber die Finger lassen. Je nachdem, ob man sich für bunte Smoothie-Bowls mit viel Obst oder für kalorienarme grüne Bowls entscheidet, enthalten die verwendeten Zutaten meist ohnehin schon ausreichend Zucker. Für echte Naschkatzen kann es aber manchmal gar nicht süß genug sein. Und wer seine Smoothie-Bowls vor allem wegen des Vitaminkicks und des guten Geschmacks zubereitet, der darf gern auf Wunsch ein wenig verfeinern. Es gibt viele Möglichkeiten, um einer Smoothie-Bowl durch zusätzliche Süße noch etwas mehr geschmackliche Vielfalt zu entlocken. Raffinierte und industriell hergestellte Zucker und Süßstoffe sollten nach Möglichkeit jedoch nicht in der Schüssel landen. Sie bringen nur einen geringen Nährwert mit sich und sind alles andere als gesundheitsfördernd. Wer seine Smoothie-Bowls gesund süßen möchte, hat auch so genug Auswahl: Honig, Agavendicksaft, Kokosmus, Mandelmus, Haselnussmus oder Erdnussbutter. Die Zugabe von Süßungsmitteln zur Smoothie-Bowl erfolgt nach Ihrem persönlichen Geschmack. Bei weniger süßen Zutaten wie Mandelmus oder Haselnussmus darf ruhig ein ganzer Esslöffel in die Schüssel wandern. Agavendicksaft und Honig sind hingegen deutlich süßer und sollten deshalb etwas vorsichtiger dosiert werden.

Toppings – der krönende Abschluss

Toppings sind der krönende Abschluss einer jeden Smoothie-Kreation und sorgen nicht nur für die optische Pracht, sondern außerdem auch für das geschmackliche Highlight. Theoretisch können Sie Ihre Smoothie-Bowl mit so vielen verschiedenen Toppings wie möglich füllen. Etabliert hat sich jedoch eine Menge, die ungefähr einer Handvoll entspricht. Um eine geschmackliche Linie beizubehalten und die Geschmacksrezeptoren im Mund nicht zu überfordern, sollten außerdem im Normalfall nicht mehr als drei bis vier verschiedene Toppings gewählt werden. Früchte sind als Topping für Smoothie-Bowls besonders klassisch. In kleine Stückchen oder Scheiben geschnitten bzw. im Fall von Beeren auch als Ganzes, werden sie liebevoll auf dem Smoothie drapiert. Ergänzen können Sie die Früchte dann durch allerhand weitere Leckerbissen: Nüsse, Samen, Kokosflocken, Rosinen, Schokolade sowie knuspriges Müsli eignen sich hervorragend fürs Topping.

Mixer-Kunde

Für eine gelungene Smoothie-Bowl ist der verwendete Mixer von entscheidender Bedeutung. Werden frische Smoothie-Bowls jeden Tag zubereitet und kommen häufig auch grüne Smoothies auf den Tisch, dann empfiehlt sich ein sogenannter Hochleistungsmixer. Dieser schafft ungefähr 18.000 Umdrehungen in der Minute und bricht dadurch auch die etwas härteren Pflanzenzellen auf. Gleichzeitig sorgt ein Hochleistungsmixer für eine besonders cremige Konsistenz ohne Stückchen und schafft auch mühelos Eiswürfel sowie gefrorene Smoothie-Bowl-Zutaten. Wer vorwiegend weiches Obst verarbeitet, der ist auch mit einem normalen Standmixer gut beraten. Nebeneffekt: Bei klassischen Standmixern mit einer durchschnittlichen Zahl an Umdrehungen werden die Früchte meist nicht ganz so cremig püriert. Es kann folglich vorkommen, dass sich hin und wieder das eine oder andere Fruchtstückchen in der Smoothie-Bowl wiederfindet. Das mag bei klassischen Smoothies störend sein, ist bei einer Smoothie-Bowl, die dank Topping und Co. etwas mehr Biss hat, aber überhaupt kein Problem. Eine dritte Alternative sind die sogenannten Smoothie-Maker. Diese sind für Einsteiger zu empfehlen und eignen sich für den schnellen Gebrauch für zwischendurch. Sie sind im Normalfall deutlich günstiger in der Anschaffung und können die meisten herkömmlichen Rezepte für Smoothie-Bowls bewältigen.

Gesund und lecker

Wenn es um die gesundheitsfördernden und vitalisierenden Inhaltsstoffe einer Smoothie-Bowl geht, ist natürlich die jeweilige Rezeptur von entscheidender Bedeutung: Idealerweise setzen Sie viele zucker- und kohlenhydratarme Gemüsesorten ein und ergänzen diese mit einem ballaststoffreichen Topping. Einen kleinen Überblick über die verschiedenen Möglichkeiten, mit einer Smoothie-Bowl einen reichhaltigen Vitamin- und Nährstoff-Cocktail zu kreieren, gibt es deshalb nachfolgend.

Vitamine – Frisches Obst und Gemüse sind unverzichtbar

Eine allgemein anerkannte Ernährungsregel besagt, dass jeder Mensch pro Tag mindestens fünf Portionen Obst und Gemüse zu sich nehmen sollte. Dies liegt vor allem an den lebenswichtigen Vitaminen, die darin enthalten sind. Das bekannteste Vitamin, welches in großen Mengen in Obst und Gemüse vorkommt, dürfte wohl das Vitamin C sein. Dieses wirkt als natürlicher Radikalfänger, stärkt das Immunsystem und ist an vielen verschiedenen Stoffwechselvorgängen im Körper beteiligt. Äpfel, Zitronen, Ananas, Himbeeren, Erdbeeren, aber auch Grünkohl oder Rosenkohl sind reich an Vitamin C und deshalb gern gesehene Komponenten in einer Smoothie-Bowl. Dasselbe gilt für Spinat und Aprikosen, denn beide tragen viel Vitamin A in sich, das beispielsweise für gesunde Haut und Augen benötigt wird. Bananen und Avocados mögen vielleicht viele Kalorien besitzen, sind als Vitaminlieferanten aber durchaus zu empfehlen: Sie besitzen beide viel Vitamin B6, das beim Fettstoffwechsel benötigt wird und auch den Hormonhaushalt im Körper beeinflusst.

Mineralstoffe – klein, aber oho!

Mineralstoffe benötigt der menschliche Körper normalerweise nur in geringen Dosen. Trotzdem sind Sie für sein Überleben essenziell. Genau deshalb sind Smoothie-Bowls für eine gesunde und ausgewogene Ernährung so förderlich, denn je nach Zutaten können sie sich als wahre Mineralstoff-Booster erweisen.
Kalium ist ein Mineralstoff, der an sehr vielen unterschiedlichen Prozessen im Körper beteiligt ist. Er ist mitverantwortlich für einen ausgeglichenen Elektrolythaushalt, beeinflusst die gesunde Muskelfunktion sowie auch die Herztätigkeit. Als wichtiger Nährstoff kommt Kalium in Ananas, Brombeeren, Äpfeln, Kiwis, Kirschen und vielen anderen typischen Früchten aus Smoothie-Bowl-Rezepten vor. Als weiterer wichtiger Mineralstoff kann Magnesium benannt werden: Der Magnesiumgehalt von Himbeeren, Mangos, grünen Melonen und Bananen trägt zu einem gesunden Knochenaufbau genauso bei wie zum Funktionieren von Muskeln und Nerven.

Sekundäre Pflanzenstoffe – nicht essenziell, aber trotzdem unverzichtbar

Die sogenannten sekundären Pflanzenstoffe sind zwar im Normalfall fester Bestandteil unserer täglichen Ernährung, werden vom Körper im Gegensatz zu Vitaminen und Mineralstoffen aber nicht essenziell benötigt. Trotzdem sollten wir bei unseren Mahlzeiten keinesfalls auf sie verzichten. Zu den sekundären Pflanzenstoffen gehören beispielsweise die Flavonoide. Diese sind als Radikalfänger bekannt und sollen anscheinend das Risiko von Herz-Kreislauf- oder auch Krebserkrankungen reduzieren. Sie finden sich in vielen verschiedenen Beerensorten, in Äpfeln, Birnen sowie auch in Grünkohl.

Smoothie-Bowls mit Obst

ACAI-BOWL MIT HEIDELBEEREN

Zutaten für 1 Portion

Smoothie

150 g Heidelbeeren, 1 Banane,
½ Apfel, 2 TL Acai-Pulver,
2 TL Agavendicksaft, 2 TL Mandelbutter

Topping

einige Heidelbeeren, ½ Handvoll Haselnüsse,
½ Handvoll Pistazien, 1 EL Kokosraspel

Zubereitung *ca. 10 Min.*

1. Heidelbeeren waschen und trocken tupfen. Banane und Apfel schälen, putzen und klein schneiden. Obst zusammen mit dem Acai-Pulver in den Mixer geben und kräftig durchmixen.

2. Agavendicksaft, Mandelbutter und ca. 100 Milliliter Wasser zugeben und nochmals gut vermischen.

3. Für das Topping Heidelbeeren waschen und trocken tupfen. Haselnüsse und Pistazien klein hacken. Smoothie in eine Schüssel geben und mit Heidelbeeren, Haselnüssen, Pistazien und Kokosraspeln verzieren.

MANGO-BANANEN-BOWL

Zutaten für 1 Portion

Smoothie

1 Banane, ½ Mango,
1 Orange, 200 ml Kokoswasser

Topping

1 Stängel Minze, einige Heidelbeeren,
1 TL gehackte Schokolade,
1 TL Chiasamen, 1 TL Kokosraspel

Zubereitung *ca. 10 Min.*

1. Banane schälen und in Stücke schneiden. Mango schälen, Fruchtfleisch vom Kern schneiden und ebenfalls in Stücke schneiden. Orange halbieren und Saft auspressen. Obst mit Kokoswasser und Orangensaft in den Mixer geben und kräftig durchmixen.

2. Minze waschen, trocken schütteln und Blättchen vom Stiel zupfen. Heidelbeeren waschen und trocken tupfen.

3. Smoothie in eine Schüssel geben. Mit Minzblättern, Beeren, Schokolade, Chiasamen und Kokosraspeln verzieren und sofort genießen.

Superfoods

Gesund und lecker

Smoothie-Bowls und sogenannte Superfoods harmonieren wunderbar miteinander und machen aus dem fruchtigen Frühstück wahre Vitaminbomben. Denn Superfoods zeichnen sich durch eine besonders hohe Menge an Vitalstoffen, Antioxidantien oder gesunden Fetten aus. Durch ihre vielen gesunden Inhaltsstoffe wirken sie unter anderem positiv auf die Cholesterinwerte, binden freie Radikale und stärken das Immunsystem. Dabei kann man auf heimische, lang bekannte Superfoods wie die Heidelbeere oder Rote Bete zurückgreifen wie auch mit den trendigen exotischen Vertretern wie der Gojibeere oder Matcha-Pulver experimentieren. Die folgende Vorstellung einiger Superfoods ist nur eine kleine Auswahl aus der reichhaltigen Bandbreite von Superzutaten, die eine Smoothie-Bowl zum gesunden Leckerbissen machen.

Heidelbeeren sind kleine Vitaminbomben, die positiv auf das Herz-Kreislauf-System wirken.

Die **Gojibeere** stärkt das Immunsystem, hilft bei der Verdauung und ist reich an Mineralien und Vitaminen.

Ingwer wird eine entzündungshemmende, verdauungsfördernde und anregende Wirkung zugesprochen.

Die **Acai-Beere** zeichnet sich durch besonders viele Antioxidantien und essenzielle Fettsäuren aus.

Granatapfel senkt Cholesterin- und Blutdruckwerte, während **Rote Bete** den Stoffwechsel reguliert.

Matcha-Pulver liefert extrem viele Antioxidantien. **Kakao** ist magnesiumreich und befeuert die Glückshormone.

BEEREN-KIRSCH-BOWL

Zutaten für 1 Portion

Smoothie

100 g Kirschen, 200 g gemischte TK-Beeren (z. B. Heidelbeeren, Himbeeren, Brombeeren), 1 TL Mandelbutter

Topping

1 Kumquat, einige Brombeeren, 1 TL Chiasamen, 1 TL Leinsamen, 1 TL Kokosflocken, 1 EL Kürbiskerne

Zubereitung *ca. 15 Min.*

1. Kirschen waschen, entsteinen und halbieren. Mit Beeren, Mandelbutter und 100 Milliliter Wasser in den Mixer geben und gut durchmixen.

2. Für das Topping Kumquat waschen und in Scheiben schneiden. Brombeeren waschen und trocken tupfen.

3. Smoothie in eine Schüssel geben und mit Kumquat, Brombeeren, Samen, Kokosflocken und Kürbiskernen dekorieren.

MATCHA-BOWL MIT KIWI

Zutaten für 1 Portion

Smoothie

1 Banane, 1 Kiwi,
1 TL Matcha-Pulver,
1 TL Mandelbutter

Topping

1 Kiwi, ½ Orange,
einige Heidelbeeren, 1 EL Pinienkerne

Zubereitung *ca. 5 Min.*

1. Banane schälen und klein schneiden. Kiwi schälen und in Stücke schneiden. Obst mit Matcha-Pulver, Mandelbutter und ca. 100 Milliliter Wasser in den Mixer geben und gut durchmixen.

2. Für das Topping Kiwi schälen und Fruchtfleisch mit einem Kugelausstecher zu kleinen Kugeln formen. Orange schälen und Fruchtfleisch filetieren. Heidelbeeren waschen und trocken tupfen.

3. Smoothie in eine Schüssel füllen und mit Kiwibällchen, Orangenfilets, Heidelbeeren und Pinienkernen dekorieren.

PFIRSICH-BOWL MIT GOJIBEEREN

Zutaten für 1 Portion

Smoothie

1 Pfirsich, 1 Banane, 1 TL Mandelbutter

Topping

½ Pfirsich, einige Heidelbeeren, 1 EL getrocknete Gojibeeren, einige Pekannüsse, 1 TL Chiasamen

Zubereitung *ca. 10 Min.*

1. Pfirsich mit kochendem Wasser überbrühen und von der Haut befreien. Halbieren, entkernen und klein schneiden. Banane schälen und in Stücke schneiden. Obst mit Mandelbutter und ca. 100 Milliliter Wasser in den Mixer geben und gut durchmixen.

2. Für das Topping Pfirsich waschen, entkernen und in dünne Scheiben schneiden. Heidelbeeren waschen und trocken tupfen.

3. Smoothie in eine Schüssel füllen und mit Pfirsichscheiben, Heidelbeeren, Gojibeeren, Nüssen und Chiasamen dekorieren.

MANGO-MARACUJA-BOWL

Zutaten für 1 Portion

Smoothie

1 kleine Mango,
2 Maracujas,
100 ml Kokoswasser

Topping

einige Erdbeeren,
1 TL Kokosraspel

Zubereitung *ca. 10 Min.*

1. Mango schälen, Fruchtfleisch vom Kern schneiden und in Stücke schneiden. Einige Mangostücke für das Topping beiseitestellen. Maracujas halbieren und mit einem Löffel die Kerne herausschaben.

2. Mango und Maracujas mit Kokoswasser in den Mixer geben und alles kräftig durchmixen.

3. Für das Topping Erdbeeren waschen, putzen und in Scheiben schneiden. Smoothie in eine Schüssel füllen und mit Erdbeeren, Mangostücken und Kokosraspeln dekorieren.

ANANAS-MANGO-BOWL

Zutaten für 2 Portionen

Smoothie

1 Mango, 1 Baby-Ananas,
1 Banane, 300 ml Kokoswasser

Topping

1 Kiwi,
einige Himbeeren,
einige Walnüsse,
einige Kokoschips

Zubereitung *ca. 10 Min.*

1. Mango schälen, Fruchtfleisch vom Kern trennen und klein schneiden. Ananas schälen, Fruchtfleisch vom Strunk schneiden und in Stücke schneiden. Banane schälen und klein schneiden. Obst mit dem Kokoswasser in den Mixer geben und kräftig durchmixen.

2. Für das Topping Kiwi schälen, halbieren und in Scheiben schneiden. Himbeeren waschen und trocken tupfen. Smoothie in Schüsseln füllen und mit Kiwischeiben, Himbeeren, Nüssen und Kokoschips dekorieren.

ZITRUS-HIMBEER-BOWL

Zutaten für 1 Portion

Smoothie

1 Orange, 1 Zitrone,
100 g Ananas-Fruchtfleisch,
2 EL Haferflocken, 1 TL Honig

Topping

½ Kiwi, ½ unbehandelte Blutorange,
1 Handvoll Himbeeren, 1 TL Kokosraspel,
1 TL Chiasamen

Zubereitung *ca. 15 Min.*

1. Orange und Zitrone schälen, von der weißen Haut befreien und klein schneiden. Mit Ananas-Fruchtfleisch, Haferflocken und Honig in den Mixer geben und gut durchmixen.

2. Für das Topping Kiwi schälen, in Scheiben schneiden und nach Belieben kleine Formen ausstechen. Blutorange gut waschen und in Scheiben schneiden. Himbeeren waschen und pürieren.

3. Smoothie in eine Schüssel füllen und mit Kiwistücken, Orangenscheiben, Himbeerpüree, Kokosraspeln und Chiasamen dekorieren.

ERDBEER-BANANEN-BOWL

Zutaten für 1 Portion

Smoothie

1 Banane,
150 g Erdbeeren

Topping

2 Erdbeeren, ½ Banane,
1 EL gehobelte Mandeln,
1 TL Kokosraspel, 1 TL Chiasamen

Zubereitung *ca. 10 Min.*

1. Banane schälen und in Stücke schneiden. Erdbeeren waschen, putzen und halbieren. Obst in einen Mixer geben und kräftig durchmixen. Je nach gewünschter Konsistenz beim Mixen noch etwas Wasser zufügen.

2. Für das Topping Erdbeeren waschen, putzen und klein schneiden. Banane schälen und in Scheiben schneiden.

3. Smoothie in eine Schüssel füllen und mit Erdbeerstücken, Bananenscheiben, gehobelten Mandeln, Kokosraspeln und Chiasamen dekorieren.

HEIDELBEER-BOWL MIT LEINSAMEN

Zutaten für 1 Portion

Smoothie

200 g Heidelbeeren, 1 Banane,
½ Vanilleschote,
1 TL Mandelbutter

Topping

½ Banane,
einige Heidelbeeren, einige Walnüsse,
1 EL Leinsamen

Zubereitung *ca. 10 Min.*

1. Heidelbeeren waschen und trocken tupfen. Banane schälen und klein schneiden. Vanilleschote längs aufschneiden und Mark herauskratzen. Obst, Vanillemark, Mandelbutter und ca. 100 Milliliter Wasser in den Mixer geben und gut durchmixen.

2. Für das Topping Banane in Scheiben schneiden. Heidelbeeren waschen und trocken tupfen. Walnüsse klein hacken. Smoothie in eine Schüssel füllen und mit Bananenscheiben, Heidelbeeren, gehackten Walnüssen und Leinsamen verzieren.

HIMBEER-BOWL MIT GOJIBEEREN

Zutaten für 1 Portion

Smoothie

200 g Himbeeren, 1 Banane,
2 EL Haferflocken,
1 TL Mandelmus,
1 TL getrocknete Gojibeeren

Topping

einige Himbeeren, einige Brombeeren,
1 EL getrocknete Gojibeeren, 1 TL Chiasamen,
1 TL Sonnenblumenkerne,
1 EL Kürbiskerne

Zubereitung *ca. 5 Min.*

1. Himbeeren waschen und trocken tupfen. Banane schälen und klein schneiden. Obst mit Haferflocken, Mandelmus, Gojibeeren und ca. 100 Milliliter Wasser in den Mixer geben und kräftig durchmixen.

2. Für das Topping Himbeeren und Brombeeren waschen und trocken tupfen. Smoothie in eine Schüssel füllen und mit Himbeeren, Brombeeren, Gojibeeren, Samen und Kernen dekorieren.

BEEREN-KOKOS-BOWL

Zutaten für 1 Portion

Smoothie

100 g Himbeeren , 100 g Brombeeren,
1 Banane, 1 EL Kokosraspel,
100 ml Kokoswasser

Topping

½ Drachenfrucht, ½ Sternfrucht,
einige rote, weiße und schwarze Johannisbeeren,
einige Himbeeren

Zubereitung *ca. 10 Min.*

1. Himbeeren und Brombeeren waschen und trocken tupfen. Banane schälen und in Stücke schneiden. Obst mit Kokosraspeln und Kokoswasser in den Mixer geben und kräftig durchmixen.

2. Für das Topping Drachenfrucht schälen, in Scheiben schneiden und Formen ausstechen. Sternfrucht waschen, entkernen und in Scheiben schneiden. Johannisbeeren waschen, trocken schütteln und an den Rispen lassen. Himbeeren waschen und trocken tupfen.

3. Smoothie in eine Schüssel füllen und mit Drachenfrucht, Sternfrucht, Johannisbeeren und Himbeeren garnieren. Wer möchte, kann die Smoothie-Bowl auch in einer Kokosnusshälfte servieren.

Tipps für mehr Cremigkeit

PRAXIS-TIPP

Smoothie-Bowls zeichnen sich vor allem durch eine wunderbare Cremigkeit aus. Um dies zu erreichen, gibt es ein paar Tricks: Besonders Bananen oder Mangos verleihen einem Smoothie mehr Sämigkeit und süßen ihn zusätzlich noch. Ein weiterer Trick ist das vorherige Einfrieren der Obststücke und Beeren vor dem Pürieren. Und durch die Zugabe von Nussbutter wird der Smoothie nicht nur smoother, sondern gewinnt auch noch mehr an Geschmack. Auch Haferflocken, Chiasamen und Flohsamen machen Smoothies cremig, denn sie quellen im Kontakt mit Flüssigkeit auf.

HIMBEER-BANANEN-BOWL

Zutaten für 1 Portion

Smoothie

200 g Himbeeren,
1 Banane,
1 TL Erdnussbutter

Topping

einige Himbeeren,
½ Banane,
1 TL Chiasamen

Zubereitung *ca. 10 Min.*

1. Himbeeren waschen und trocken tupfen. Banane schälen und klein schneiden. Obst mit Erdnussbutter und ca. 100 Milliliter Wasser in den Mixer geben und kräftig durchmixen.

2. Für das Topping Himbeeren waschen und trocken tupfen. Banane schälen und in Scheiben schneiden. Smoothie in eine Schüssel füllen und mit Himbeeren, Banane und Chiasamen dekorieren.

ERDBEER-BROMBEER-BOWL

Zutaten für 1 Portion

Smoothie

1 Banane,
100 g Erdbeeren, 100 g Brombeeren,
2 EL Haferflocken

Topping

einige Brombeeren,
1 EL Pinienkerne,
1 EL Granola

Zubereitung *ca. 10 Min.*

1. Banane schälen und klein schneiden. Erdbeeren waschen, putzen und halbieren. Brombeeren waschen und trocken tupfen. Obst mit Haferflocken und ca. 100 Milliliter Wasser in den Mixer geben und kräftig durchmixen.

2. Für das Topping Brombeeren waschen und trocken tupfen. Smoothie in eine Schüssel geben und mit Brombeeren, Pinienkernen und Granola dekorieren.

BANANEN-KIWI-BOWL

Zutaten für 1 Portion

Smoothie

1 Banane,
2 Kiwis,
½ Avocado

Topping

½ Kiwi, ½ Banane,
einige Himbeeren,
1 EL gehackte Nussmischung,
1 TL Mohn

Zubereitung *ca. 10 Min.*

1. Banane und Kiwis schälen und klein schneiden. Avocado vom Kern befreien und Fruchtfleisch mit einem Löffel aus der Schale lösen. Obst zusammen mit 150 Milliliter Wasser in den Mixer geben und kräftig durchmixen.

2. Für das Topping Kiwi und Banane schälen und in Scheiben schneiden. Himbeeren waschen und trocken tupfen. Smoothie in eine Schüssel füllen und mit Kiwischeiben, Bananenscheiben, Himbeeren, Nussmischung und Mohn dekorieren.

HEIDELBEER-BOWL MIT GRANOLA

Zutaten für 1 Portion

Smoothie

150 g Heidelbeeren,
1 Banane,
1 TL Cashewmus

Topping

½ Banane,
2 EL Granola

Zubereitung *ca. 10 Min.*

1. Heidelbeeren waschen und trocken tupfen. Banane schälen und klein schneiden. Obst mit Cashewmus und ca. 100 Milliliter Wasser in den Mixer geben und kräftig durchmixen.

2. Für das Topping Banane schälen und in Scheiben schneiden. Smoothie in eine Schüssel füllen und mit Bananenscheiben und Granola dekorieren.

MATCHA-GRANATAPFEL-BOWL

Zutaten für 1 Portion

Smoothie

1 Banane,
100 g Ananas-Fruchtfleisch,
½ Avocado, 1 TL Matcha-Pulver

Topping

½ Drachenfrucht, ½ Papaya,
1 Scheibe Ananas,
einige Granatapfelkerne,
1 TL Chiasamen

Zubereitung *ca. 15 Min.*

1. Banane schälen und klein schneiden. Ananas-Fruchtfleisch ebenfalls klein schneiden. Avocado vom Kern befreien und mit dem Löffel Fruchtfleisch aus der Schale lösen. Obst mit Matcha-Pulver und 100 Milliliter Wasser in den Mixer geben und kräftig durchmixen.

2. Für das Topping aus dem Fruchtfleisch von Drachenfrucht und Papaya mit einem Kugelausstecher Kugeln formen. Ananasscheibe in Stücke schneiden.

3. Smoothie in eine Schüssel füllen und mit Drachenfrucht- und Papayakugeln, Ananas, Granatapfelkernen und Chiasamen dekorieren.

PFIRSICH-PFLAUMEN-BOWL

Zutaten für 1 Portion

Smoothie

1 Pfirsich, 1 Pflaume,
1 Banane, 1 TL Mandelmus

Topping

einige Heidelbeeren,
einige Himbeeren,
½ Pflaume,
1 EL geschroteter Leinsamen

Zubereitung *ca. 10 Min.*

1. Pfirsich und Pflaume waschen, halbieren, entsteinen und klein schneiden. Banane schälen und klein schneiden. Obst mit Mandelmus und ca. 100 Milliliter Wasser in einen Mixer geben und gut durchmixen.

2. Für das Topping Heidelbeeren und Himbeeren waschen und trocken tupfen. Pflaume waschen, entsteinen und in feine Scheiben schneiden.

3. Smoothie in eine Schüssel füllen und mit Heidelbeeren, Himbeeren, Pflaumenscheiben und Leinsamen granieren.

KIRSCH-MANDEL-BOWL MIT KOKOS

Zutaten für 1 Portion

Smoothie

200 g Kirschen, 1 Banane,
2 EL gemahlene Mandeln,
100 Milliliter Kirschsaft

Topping

einige Kirschen, einige Minzblätter,
einige halbierte Mandeln, einige Kokoschips,
1 EL gehackte Schokolade,
1 TL Chiasamen

Zubereitung *ca. 10 Min.*

1. Kirschen waschen, halbieren und entsteinen. Banane schälen und klein schneiden. Obst mit Mandeln und Kirschsaft in den Mixer geben und kräftig durchmischen.

2. Für das Topping Kirschen und Minzblätter waschen und trocken tupfen. Smoothie in eine Schüssel geben und mit Kirschen, Minzblättern, Mandeln, Kokoschips, Schokolade und Chiasamen garnieren.

HIMBEER-ERDBEER-BOWL

Zutaten für 1 Portion

Smoothie

150 g Erdbeeren,
100 g Himbeeren,
1 Banane, 1 TL Mandelmus

Topping

½ Banane, 1 EL Cornflakes,
1 TL gehobelte Mandeln,
1 TL Kürbiskerne

Zubereitung *ca. 10 Min.*

1. Erdbeeren waschen, putzen und halbieren. Himbeeren waschen und trocken tupfen. Banane schälen und klein schneiden. Obst mit Mandelmus und ca. 100 Milliliter Wasser in den Mixer geben und kräftig durchmixen.

2. Für das Topping Banane schälen und in Scheiben schneiden. Smoothie in eine Schüssel füllen und mit Bananenscheiben, Cornflakes, Mandeln und Kürbiskernen dekorieren.

MELONEN-BOWL

Zutaten für 1 Portion

Smoothie

1 Banane,
½ Cantaloupe-Melone,
1 TL Leinsamen

Topping

½ Banane,
1 EL getrocknete Gojibeeren,
1 EL Pekannüsse

Zubereitung *ca. 10 Min.*

1. Banane schälen und klein schneiden. Melone vierteln, entkernen, Fruchtfleisch von der Schale schneiden und klein schneiden. Obst mit Leinsamen und 100 Milliliter Wasser in den Mixer geben und kräftig durchmixen.

2. Für das Topping Banane schälen und in Scheiben schneiden. Pekannüsse grob hacken. Smoothie in eine Schüssel füllen und mit Bananenscheiben, Gojibeeren und Pekannüssen garnieren.

KIRSCH-BOWL MIT GEWÜRZEN

Zutaten für 1 Portion

Smoothie

200 g Kirschen,
½ Banane, 100 ml Kirschsaft,
1 TL Mandelbutter, ½ TL Zimt,
1 Prise gemahlener Sternanis

Topping

1 Kirsche,
1 Butterkeks,
1 TL geriebene Zartbitterschokolade,
1 TL Schokoladensoße,
einige Zuckerherzen

Zubereitung *ca. 10 Min.*

1. Kirschen waschen, halbieren und entsteinen. Banane schälen und klein schneiden. Obst mit Kirschsaft, Mandelbutter und Gewürzen in den Mixer geben und kräftig durchmixen.

2. Für das Topping Kirsche waschen und Butterkeks zerbröseln. Smoothie in eine Schüssel füllen und mit der ganzen Kirsche, Keksbröseln, Schokolade, Schokoladensoße und Zuckerherzen garnieren.

AVOCADO-BOWL MIT STERNFRUCHT

Zutaten für 2 Portionen

Smoothie

1 Avocado,
2 Bananen, 2 Kiwis,
200 Milliliter Kokoswasser

Topping

1 Sternfrucht,
2 EL getrocknete Gojibeeren,
2 TL Leinsamen, 2 TL Chiasamen,
2 TL Kokosraspel, 2 TL Haferflocken

Zubereitung *ca. 10 Min.*

1. Avocado halbieren, Kern entfernen, Fruchtfleisch mit einem Löffel von der Schale lösen und klein schneiden. Bananen schälen und klein schneiden. Kiwis schälen und ebenfalls klein schneiden. Obst mit Kokoswasser in den Mixer geben und gut durchmixen.

2. Für das Topping Sternfrucht waschen, putzen und in Scheiben schneiden. Smoothie in Schüsseln füllen und mit Sternfrucht, Gojibeeren, Samen, Kokosraspeln und Haferflocken garnieren.

Gewürze

Es gibt eine Vielzahl an Gewürzen, die der Smoothie-Bowl das gewisse Etwas verleihen. Vor allem als aromatische Alternative zu Zucker oder anderen Süßungsmitteln bringen sie jede Menge Geschmack bei wenig Kalorien. Viele Inhaltsstoffe wie zum Beispiel die ätherischen Öle bestimmter Gewürze sind zudem äußerst gesund.

Zimt kurbelt den Stoffwechsel an und senkt den Cholesterinspiegel. Auch der Blutzuckerspiegel wird von Zimt positiv beeinflusst, wodurch Heißhungerattacken vermieden werden können.

Kardamom regt die Verdauung an, gilt als krampflösend und stimmungsaufhellend und sollte am besten frisch gemahlen verwendet werden.

Vanille betört durch ihren wunderbaren Duft und besitzt entzündungshemmende Eigenschaften. Dabei sollte man unbedingt die echte Vanille aus der Vanilleschote verwenden.
Der leicht nach süßer Lakritze schmeckende **Sternanis** unterstützt die Verdauung und macht Gerichte bekömmlicher.
Frisch gemahlene **Gewürznelke** überzeugt nicht nur durch ihren aromatischen Geschmack, sondern sie gehört auch zu den besten natürlichen Antioxidantien.

Smoothie-Bowls mit Gemüse

GRÜNE DETOX-BOWL

Zutaten für 1 Portion

Smoothie

100 g Spinat, 1 Banane,
60 g Ananas, 2 Datteln,
100 ml Kokoswasser

Topping

½ Sternfrucht, 1 Maracuja,
einige Brombeeren,
1 Rispe rote Johannisbeeren,
1 TL Kokosflocken

Zubereitung *ca. 10 Min.*

1. Spinat waschen und trocken schütteln. Banane schälen und klein schneiden. Ananas schälen und ebenfalls klein schneiden. Datteln entkernen. Früchte in den Mixer geben und mit Kokoswasser kräftig durchmixen.

2. Für das Topping Sternfrucht waschen und in Scheiben schneiden. Maracuja halbieren und Fruchtfleisch mit einem Löffel entnehmen. Beeren waschen und trocken tupfen.

3. Smoothie in eine Schüssel füllen und mit Sternfrucht, Maracuja-Fruchtfleisch, Beeren und Kokosflocken dekorieren.

BANANEN-GRÜNKOHL-BOWL

Zutaten für 1 Portion

Smoothie

100 g Grünkohl,
1 Banane, 2 Orangen,
1 TL Erdnussbutter

Topping

½ Banane,
1 EL gehobelte Mandeln,
1 EL Haferflocken,
1 TL Chiasamen

Zubereitung *ca. 10 Min.*

1. Grünkohl waschen, Stiele entfernen und klein schneiden. Banane schälen und in Stücke schneiden. Orangen halbieren und Saft auspressen. Grünkohl, Bananen, Erdnussbutter und Orangensaft in den Mixer geben und kräftig durchmixen.

2. Für das Topping Banane schälen und in Scheiben schneiden. Smoothie in eine Schüssel füllen und mit Bananenscheiben, Mandeln, Haferflocken und Chiasamen garniert servieren.

SPINAT-KIWI-BOWL

Zutaten für 1 Portion

Smoothie

100 g Spinat, 1 Kiwi,1 Banane, ½ grüner Apfel,
½ unbehandelte Limette

Topping

½ grüner Apfel, ½ Kiwi,
einige Heidelbeeren,
½ unbehandelte Limette

Zubereitung *ca. 10 Min.*

1. Spinat waschen und trocken schütteln. Kiwi schälen und klein schneiden. Banane schälen und klein schneiden, einige Scheiben für das Topping beiseitelegen. Apfel waschen, vom Kerngehäuse befreien und klein schneiden Limette auspressen. Spinat und Obst mit Limettensaft und 100 Milliliter Wasser in den Mixer geben und kräftig durchmixen.

2. Für das Topping Apfel waschen, vom Kerngehäuse befreien und in dünne Scheiben schneiden. Kiwihälfte schälen und entweder in Scheiben schneiden oder dekorative Ecken einschneiden. Heidelbeeren waschen und trocken tupfen. Limettenhälfte waschen, halbieren und in Scheiben schneiden.

3. Smoothie in eine Schüssel füllen und mit Apfelscheiben, Kiwi, Beeren, Limettenscheiben und Bananenscheiben garnieren.

Samen und Flocken

Klein, aber oho!

Neben Nüssen und Kernen sind auch verschiedenste Samen und Flocken ein wichtiger Bestandteil von vielen Smoothie-Bowls. In den meisten Samen stecken viele essenzielle Fettsäuren, Mineralstoffe und Vitamine, und durch ihre vielen Ballaststoffe regen sie die Verdauung an. Darüber hinaus passen auch verschiedene Getreideflocken hervorragend zur Smoothie-Bowl. Sie sind leicht verdaulich, machen lange satt, und auch sie stecken voller Vitamine und Mineralstoffe. Zudem quellen Samen wie Chiasamen oder Leinsamen und die meisten Flocken in Kontakt mit Flüssigkeit auf und machen den Smoothie somit cremiger. Hier finden Sie eine kleine Auswahl an Samen und Flocken, die Sie wunderbar in Ihrem Smoothie verarbeiten oder mit denen Sie Ihre Smoothie-Bowl nach Herzenslust garnieren können.

Chiasamen beinhalten immens viele Omega-3-Fettsäuren und zählen zu den sogenannten Superfoods.

Die Schleimstoffe von **Leinsamen** quellen im Darm auf und sind besonders gut für die Verdauung.

Sesamsamen stecken voller Magnesium und Calcium und unterstützen die Produktion von Glückshormonen.

Mohn ist sehr ballaststoffreich und beinhaltet reichlich Magnesium, Phosphor, Eisen und Vitamin E.

Haferflocken und ungesüßte **Cornflakes** sind ballaststoffreich und regen die Verdauung an.

Roggen- und **Dinkelflocken** sind reich an Vitaminen und Ballaststoffen und eine gute Alternative zu Haferflocken.

KÜRBIS-BEEREN-BOWL MIT CHIASAMEN

Zutaten für 1 Portion

Smoothie

150 g Fruchtfleisch vom Hokkaidokürbis,
1 Möhre, 1 Banane,
1 Prise Zimt, evtl. 1 TL Honig

Topping

einige Heidelbeeren,
1 Prise Zimt, 1 EL Pekannüsse,
1 EL getrocknete Cranberrys,
1 EL Kürbiskerne,
1 TL Chiasamen

Zubereitung *ca. 10 Min.*

1. Kürbisfleisch klein schneiden. Ausreichend Wasser in einem Topf zum Kochen bringen und Kürbisfleisch ca. 15 Minuten darin weich kochen. Möhre und Banane schälen und klein schneiden. Kürbis, Möhre, Banane und Zimt mit ca. 100 Milliliter Wasser in den Mixer geben und gut durchmixen. Je nach Wunsch mit Honig süßen.

2. Für das Topping Heidelbeeren waschen und trocken tupfen. Smoothie in eine Schüssel füllen und Zimt darüberstreuen. Mit Heidelbeeren, Nüssen, Cranberrys, Kernen und Samen dekorieren und servieren.

MANGO-SPINAT-BOWL

Zutaten für 1 Portion

Smoothie

1 kleine Mango,
100 g Spinat, 1 Banane,
100 ml Kokoswasser

Topping

1–2 Erdbeeren,
1 EL Kürbiskerne, 1 EL Kokosraspel,
1 TL Chiasamen

Zubereitung *ca. 15 Min.*

1. Mango schälen, Fruchtfleisch vom Kern schneiden und klein würfeln. Einige Mangowürfel für das Topping beiseitestellen. Spinat waschen und trocken schütteln. Banane schälen und klein schneiden. Spinat und Obst mit Kokoswasser in den Mixer geben und gut durchmixen.

2. Für das Topping Erdbeeren waschen, putzen und in Scheiben schneiden. Smoothie in eine Schüssel füllen und mit Erdbeerscheiben, Mangowürfeln, Kürbiskernen, Kokosraspeln und Chiasamen garnieren.

KIWI-GURKEN-BOWL

Zutaten für 1 Portion

Smoothie

½ Salatgurke, 2 Kiwis,
einige Blätter Spinat,
1 Limette,
1 EL Mandelbutter

Topping

1 Kiwi, 1 EL Pistazien,
1 EL Kokosraspel

Zubereitung *ca. 10 Min.*

1. Gurke waschen, längs halbieren, Kerne mit einem Löffel entfernen und Gurke klein schneiden. Kiwis schälen und klein schneiden. Spinat waschen und trocken schütteln. Limette halbieren und Saft auspressen. Gurke, Spinat, Kiwi, Mandelbutter und Limettensaft in den Mixer geben und alles kräftig durchmixen.

2. Für das Topping Kiwi schälen und klein schneiden. Smoothie in eine Schüssel füllen und mit Kiwistücken, Pistazien und Kokosraspeln garniert servieren.

ROTE-BETE-BOWL MIT ERDBEEREN

Zutaten für 1 Portion

Smoothie

100 g gegarte Rote Bete,
100 g Erdbeeren,
1 Banane,
100 Milliliter Kokoswasser

Topping

1 EL Kürbiskerne,
1 EL Sonnenblumenkerne,
1 TL Kokosraspel,
1 TL Chiasamen

Zubereitung *ca. 10 Min.*

1. Rote Bete klein schneiden. Erdbeeren waschen, putzen und halbieren. Banane schälen und klein schneiden. Rote Bete, Obst und Kokoswasser in den Mixer geben und kräftig durchmixen.

2. Smoothie in eine Schüssel geben und mit Kernen, Kokosraspeln und Chiasamen garniert servieren.

MÖHREN-APFEL-BOWL

Zutaten für 1 Portion

Smoothie

1 Möhre, 1 Apfel, 1 Banane, 1 kleines Stück Ingwer

Topping

½ Banane, 1 EL Cashewkerne, 1 EL getrocknete Gojibeeren, 1 EL Kürbiskerne

Zubereitung *ca. 10 Min.*

1. Möhre schälen und klein schneiden. Apfel waschen, halbieren, vom Kerngehäuse befreien und ebenfalls klein schneiden. Banane schälen und in Stücke schneiden. Ingwer schälen und klein hacken. Möhre, Apfel, Banane und Ingwer mit ca. 100 Milliliter Wasser in den Mixer geben und kräftig durchmixen.

2. Für das Topping Banane schälen und in Scheiben schneiden. Smoothie in eine Schüssel füllen und mit Bananenscheiben, Cashewkernen, Gojibeeren und Kürbiskernen dekorieren.

SPINAT-BOWL MIT GRANATAPFEL

Zutaten für 1 Portion

Smoothie

150 g Spinat,
1 Granatapfel, 1 Banane,
1 TL Cashewbutter

Topping

1 Erdbeere, einige Heidelbeeren,
1 EL Mandeln, 1 EL Haferflocken,
1 TL Chiasamen

Zubereitung *ca. 15 Min.*

1. Spinat waschen und trocken schütteln. Granatapfel halbieren, entsaften und Kerne für das Topping beiseitestellen. Banane schälen und klein schneiden. Spinat, Granatapfelsaft, Banane, Cashewbutter und ca. 100 Milliliter Wasser in den Mixer geben und kräftig durchmixen

2. Für das Topping Erdbeere waschen und in Scheiben schneiden. Heidelbeeren waschen und trocken tupfen. Einen Teil der Mandeln hacken.

3. Smoothie in eine Schüssel füllen und mit Erdbeerscheiben, Granatapfelkernen, Heidelbeeren, Mandeln, Haferflocken und Chiasamen garnieren.

Granola selber machen

PRAXIS-TIPP

Granola ist ein Knuspermüsli, das ohne industriellen Zucker und unnötige Zusatzstoffe auskommt und ganz wunderbar selbst hergestellt werden kann. So hat man genau im Blick, was darin ist, und kann sich ganz nach Lust und Laune sein ganz persönliches Lieblings-Granola herstellen: 3 Tassen Getreideflocken, 1 Tasse Nüsse, 1 Tasse Kerne und Samen, 1 Tasse Honig/Agavendicksaft/Ahornsirup und 1 TL Zimt oder Vanille gut miteinander vermischen und auf ein mit Backpapier ausgelegtes Backblech verteilen. Bei 190 °C ca. 20 bis 30 Minuten backen, bis der gewünschte Bräunungsgrad erreicht ist. Granola vollständig auskühlen lassen und nach Wunsch Trockenobst zufügen.

SPINAT-PFIRSICH-BOWL

Zutaten für 1 Portion

Smoothie

150 g Spinat,
1 Pfirsich, 1 Banane,
150 ml Granatapfelsaft

Topping

1 Kiwi, 1 Stängel Minze,
1 EL Granatapfelkerne,
1 EL Kokosraspel

Zubereitung *ca. 10 Min.*

1. Spinat waschen und trocken schütteln. Pfirsich waschen, entsteinen und klein schneiden. Banane schälen und in Stücke schneiden. Spinat, Obst und Granatapfelsaft in den Mixer geben und kräftig durchmixen.

2. Für das Topping Kiwi schälen und in Scheiben schneiden. Minze waschen, trocken schütteln und Blätter abzupfen. Smoothie in eine Schüssel füllen und mit Kiwischeiben, Granatapfelkernen, Minzblättern und Kokosraspeln dekorieren.

ROTE-BETE-BOWL MIT MANGO

Zutaten für 1 Portion

Smoothie

200 g gegarte Rote Bete,
½ Mango, 1 Banane,
100 ml Kokoswasser

Topping

1 EL Müsli nach Wahl,
einige Granatapfelkerne,
1 TL Kokosraspel

Zubereitung *ca. 10 Min.*

1. Rote Bete klein schneiden. Mango schälen, Fruchtfleisch vom Kern schneiden und würfeln. Einige Mangostücke für das Topping beiseitestellen. Banane schälen und klein schneiden. Rote Bete, Obst und Kokoswasser in den Mixer geben und kräftig durchmixen.

2. Smoothie in eine Schüssel füllen und mit Mangowürfeln, Müsli, Granatapfelkernen und Kokosraspeln garniert servieren.

APFEL-SPINAT-BOWL MIT KIWI

Zutaten für 1 Portion

Smoothie

150 g Spinat,
1 grüner Apfel,
1 Kiwi, 1 Banane,
1 EL Erdnussbutter

Topping

½ Apfel,
1 Kiwi

Zubereitung *ca. 10 Min.*

1. Spinat waschen und trocken schütteln. Apfel waschen, vierteln, vom Kerngehäuse befreien und klein schneiden. Kiwi und Banane schälen und klein schneiden. Spinat, Obst und Erdnussbutter in den Mixer geben und kräftig durchmixen.

2. Für das Topping Apfel schälen, halbieren, vom Kerngehäuse befreien und klein schneiden. Kiwi schälen und ebenfalls klein schneiden. Smoothie in eine Schüssel füllen und mit Apfel und Kiwi dekoriert servieren.

AVOCADO-GRÜNKOHL-BOWL

Zutaten für 1 Portion

Smoothie

5 Grünkohlblätter,
1 Avocado, 1 Banane,
1 TL Honig nach Belieben

Topping

1 EL getrocknete Cranberrys,
1 EL Kokosraspel,
1 TL Chiasamen

Zubereitung *ca. 10 Min.*

1. Grünkohl waschen, trocken schütteln, vom Strunk befreien und klein schneiden. Avocado halbieren, Kern entfernen und Fruchtfleisch aus der Schale löffeln. Banane schälen und klein schneiden.

2. Grünkohl, Avocado und Banane mit ca. 100 Milliliter Wasser in den Mixer geben und kräftig durchmixen. Nach Belieben mit Honig süßen.

3. Smoothie in eine Schüssel füllen und mit Cranberrys, Kokosraspeln und Chiasamen garniert servieren.

ROTE DETOX-BOWL

Zutaten für 2 Portionen

Smoothie

1 gegarte Rote Bete,
2 Bananen,
1 Apfel,
1 Stück Ingwer,
200 ml Granatapfelsaft

Topping

1 Apfel,
einige Granatapfelkerne,
2 EL Kürbiskerne,
2 TL Chiasamen

Zubereitung *ca. 10 Min.*

1. Rote Bete klein schneiden. Bananen schälen und in Stücke schneiden. Apfel waschen, vierteln, vom Kerngehäuse befreien und klein schneiden. Ingwer schälen und grob hacken. Rote Bete, Bananen, Apfel, Ingwer und Granatapfelsaft in den Mixer geben und gut durchmixen.

2. Für das Topping Apfel schälen, vierteln, vom Kerngehäuse befreien und würfeln. Smoothie auf zwei Schüsseln verteilen und mit Apfelstücken, Granatapfelkernen, Kürbiskernen und Chiasamen garnieren.

SPINAT-BANANEN-BOWL

Zutaten für 1 Portion

Smoothie

200 g Spinat,
2 Bananen,
1 EL Erdnussbutter

Topping

½ Banane, 1 Kiwi,
einige Himbeeren,
1 TL Chiasamen,
1 EL Kokoschips

Zubereitung *ca. 10 Min.*

1. Spinat waschen und trocken schütteln. Bananen schälen und klein schneiden. Spinat, Bananen und Erdnussbutter mit ca. 100 Milliliter Wasser in den Mixer geben und kräftig durchmixen.

2. Für das Topping Banane und Kiwi schälen und in Scheiben schneiden. Himbeeren waschen und trocken tupfen. Smoothie in eine Schüssel füllen und mit Bananenscheiben, Kiwischeiben, Himbeeren, Kokoschips und Samen dekorieren.

ORANGEN-MÖHREN-BOWL

Zutaten für 1 Portion

Smoothie

2 Möhren, 1 Banane,
2 Orangen, ½ TL Zimt,
½ TL Vanilleextrakt,
1 TL Honig nach Belieben

Topping

2 EL Pekannüsse,
1 EL getrocknete Cranberrys,
1 EL Kokosraspel

Zubereitung *ca. 10 Min.*

1. Möhren und Banane schälen und klein schneiden. Orangen halbieren und Saft auspressen. Möhren, Banane, Orangensaft, Zimt und Vanille in den Mixer geben und kräftig durchmixen. Nach Belieben mit Honig süßen.

2. Für das Topping Pekannüsse grob hacken. Smoothie in eine Schüssel füllen und mit Nüssen, Cranberrys und Kokosraspeln garnieren.

BROMBEER-SPINAT-BOWL

Zutaten für 1 Portion

Smoothie

100 g Spinat, 2 Bananen,
100 g Brombeeren,
2 EL Erdnussbutter

Topping

einige Brombeeren, 1 Stängel Minze,
1 TL Kokosraspel,
1 TL Leinsamen, 1 TL Chiasamen

Zubereitung *ca. 15 Min.*

1. Spinat waschen und trocken schütteln. 1 Banane schälen und klein schneiden. Spinat und Banane mit 1 Esslöffel Erdnussbutter in den Mixer geben und kräftig durchmixen.

2. Brombeeren waschen und trocken tupfen. Restliche Banane schälen und klein schneiden. Beeren und Banane mit restlicher Erdnussbutter in den Mixer geben und ebenfalls kräftig durchmixen.

3. Für das Topping Brombeeren waschen und trocken tupfen. Minze waschen und trocken schütteln. Grünen Smoothie in eine Hälfte der Schüssel füllen, gleichzeitig Beeren-Smoothie in die andere Hälfte füllen. Mit Brombeeren, Kokosraspeln, Minze und Samen garnieren.

Nussbutter

In vielen Smoothie-Bowl-Rezepten wird Nussbutter bzw. Nussmus verwendet, um die Cremigkeit und den Geschmack zu unterstützen. Wer möchte, kann diese ganz leicht selbst herstellen. Egal ob mit Erdnüssen, Mandeln, Haselnüssen oder Cashewkernen - die Zubereitung ist denkbar einfach. Wichtig ist, einen leistungsfähigen Mixer zu verwenden, um ein besonders cremiges Ergebnis zu erzielen.

Schritt 1: Zu Beginn Nüsse im Backofen rösten. Hierfür Nüsse auf einem mit Backpapier belegten Blech verteilen und ca. 10 Minuten bei 170 °C rösten.

Schritt 2: Geröstete Nüsse in den Mixer geben und kräftig durchmixen. Immer wieder Pausen einlegen und die Nussmasse vom Mixerrand nach unten schieben.

Schritt 3: Nüsse ca. 20–25 Minuten pürieren, bis eine cremige Nussbutter entsteht. Mixer immer wieder ausschalten, damit er nicht überhitzt.

Schritt 4: Nussbutter je nach Wunsch mit Gewürzen wie Vanille oder Zimt aromatisieren und in ein Glas mit Schraubdeckel füllen. Selbst gemachte Nussbutter hält sich im Kühlschrank ca. 6 Wochen.

Smoothie-Bowls mit Milch und Milchprodukten

HIMBEER-BOWL MIT BUCHWEIZEN

Zutaten für 1 Portion

Smoothie

150 g Himbeeren,
1 Banane,
150 ml Mandelmilch

Topping

einige Himbeeren,
einige Heidelbeeren,
1 EL Mandeln,
1 EL Buchweizenflocken

Zubereitung *ca. 10 Min.*

1. Himbeeren waschen und trocken tupfen. Banane schälen und klein schneiden. Himbeeren, Banane und Mandelmilch in den Mixer geben und kräftig durchmixen.

2. Für das Topping Beeren waschen und trocken tupfen. Smoothie in eine Schüssel füllen und mit Beeren, Mandeln und Buchweizenflocken garnieren.

PFIRSICH-BOWL MIT BEEREN

Zutaten für 1 Portion

Smoothie

2 Pfirsiche,
1 Banane,
150 g Joghurt

Topping

einige Himbeeren,
einige Heidelbeeren, einige Blättchen Minze,
1 EL getrocknete Gojibeeren,
1 TL Kakao-Nibs, 1 TL Sesam

Zubereitung *ca. 10 Min.*

1. Pfirsiche waschen, halbieren, entsteinen und klein schneiden. Banane schälen und in Stücke schneiden. Obst und Joghurt in den Mixer geben und kräftig durchmixen.

2. Für das Topping Himbeeren und Heidelbeeren waschen und trocken tupfen. Minze waschen und trocken schütteln. Smoothie in eine Schüssel füllen und mit Beeren, Kakao-Nibs, Minze und Sesam garnieren.

SCHOKOLADEN-BOWL MIT HIMBEEREN

Zutaten für 1 Portion

Smoothie

1 EL Chiasamen,
150 ml Mandelmilch,
1 Banane, 1 EL Kakaopulver,
1 EL Mandelbutter,
½ TL Vanilleextrakt

Topping

einige Himbeeren,
1 Stängel Minze

Zubereitung *ca. 10 Min.*

1. Chiasamen mit der Mandelmilch verrühren und ca. 10 Minuten quellen lassen. Banane schälen und klein schneiden. Chia-Mandelmilch, Banane, Kakaopulver, Mandelbutter und Vanilleextrakt in den Mixer geben und kräftig durchmixen.

2. Für das Topping Himbeeren waschen und trocken tupfen. Minze waschen und trocken schütteln. Smoothie in eine Schüssel füllen und mit Himbeeren und Minze garniert servieren.

Nüsse und Kerne

Knackige Powerpakete

Nüsse und Kerne stecken voller gesunder Fettsäuren, Vitaminen und Mineralien und eignen sich ideal als knackiges und sättigendes Topping. Die positiven Auswirkungen von Nüssen auf die Gesundheit sind schon lange bekannt. So senken sie den Cholesterinspiegel, schützen das Herz, halten den Insulinspiegel im Gleichgewicht und steigern die Konzentration. Auch Kerne wie Kürbiskerne, Sonnenblumenkerne oder Pinienkerne stecken voller lebenswichtiger Vitalstoffe und sollten in einer ausgewogenen Ernährung nicht fehlen. Wegen des hohen Fettanteils in Nüssen und Kernen sollte man auf die Verzehrmenge achten. Empfehlenswert ist eine Handvoll Nüsse pro Tag. Anbei finden Sie eine kleine Auswahl an Nüssen und Kernen, die geschmacklich und gesundheitlich jede Smoothie-Bowl zu einem echten Powerfrühstück machen.

Haselnüsse beinhalten besonders viel Vitamin E und sind perfekt für einen gesunden Start in den Tag.

In der **Walnuss** sind vor allem die gesunden mehrfach ungesättigten Fettsäuren reichlich vertreten.

Mandeln machen lange satt und senken den Insulinspiegel, weshalb sie Heißhungerattacken entgegenwirken.

Die **Pekannuss** ist eine Verwandte der Walnuss und besitzt besonders viel Zink und Vitamin B1.

Kürbiskerne mindern z. B. Blasenleiden. **Sonnenblumenkerne** sind vitaminreich und voller Mineralstoffe.

Cashewkerne liefern besonders viel Magnesium und Phosphor. **Pinienkerne** schützen vor freien Radikalen.

HEIDELBEER-JOGHURT-BOWL

Zutaten für 1 Portion

Smoothie

150 g Heidelbeeren,
1 Banane,
150 g Vanillejoghurt

Topping

½ Banane, 1–2 Erdbeeren,
1 EL Granola,
1 TL Kokosraspel,
1 TL Chiasamen

Zubereitung *ca. 10 Min.*

1. Heidelbeeren waschen und trocken tupfen. Banane schälen und klein schneiden. Heidelbeeren, Banane und Joghurt in den Mixer geben und kräftig durchmixen.

2. Für das Topping Banane schälen und in Scheiben schneiden. Erdbeeren waschen, putzen und ebenfalls in Scheiben schneiden. Smoothie in eine Schüssel geben und mit Bananenscheiben, Erdbeerscheiben, Granola, Kokosraspeln und Chiasamen garnieren.

BANANEN-BOWL MIT MAULBEEREN

Zutaten für 1 Portion

Smoothie

2 Bananen, 150 ml Mandelmilch,
2 EL Haferflocken, 1 EL gemahlener Leinsamen,
1 EL Cashewbutter

Topping

½ Banane,
einige Maulbeeren,
1 EL gemahlener Leinsamen

Zubereitung *ca. 10 Min.*

1. Bananen schälen und klein schneiden. Mit Mandelmilch, Haferflocken, Leinsamen und Cashewbutter in den Mixer geben und kräftig durchmixen.

2. Für das Topping Banane schälen und in Scheiben schneiden. Maulbeeren waschen und trocken tupfen. Smoothie in eine Schüssel geben und mit Bananenscheiben, Maulbeeren und Leinsamen dekorieren.

APRIKOSEN-JOGHURT-BOWL

Zutaten für 1 Portion

Smoothie

3 Aprikosen,
1 Banane,
200 g Joghurt

Topping

1–2 Erdbeeren,
einige Himbeeren,
1 EL Mandeln

Zubereitung *ca. 10 Min.*

1. Aprikosen waschen, halbieren, entsteinen und klein schneiden. Banane schälen und ebenfalls klein schneiden. Aprikosen, Banane und Joghurt in den Mixer geben und kräftig durchmixen.

2. Für das Topping Erdbeeren waschen, putzen und in Scheiben schneiden. Himbeeren waschen und trocken tupfen. Smoothie in eine Schüssel füllen und mit Erdbeerscheiben, Himbeeren und Mandeln garnieren.

KOKOS-ERDBEER-BOWL

Zutaten für 1 Portion

Smoothie

200 g Erdbeeren,
200 g Kokosmilch,
1 EL Mandelbutter

Topping

1–2 Erdbeeren,
1 EL Rosinen,
1 EL gehobelte Mandeln,
1 TL Chiasamen

Zubereitung *ca. 10 Min.*

1. Erdbeeren waschen, putzen und halbieren. Mit Kokosmilch und Mandelbutter in einen Mixer geben und gut durchmixen.

2. Für das Topping Erdbeeren waschen, putzen und in Scheiben schneiden. Smoothie in eine Schüssel geben und mit Erdbeerscheiben, Rosinen, Mandeln und Chiasamen garnieren.

HASELNUSS-SCHOKO-BOWL

Zutaten für 1 Portion

Smoothie

1 Banane,
2 EL Haselnüsse,
150 ml Haselnussmilch,
1 EL Kakaopulver, 1 EL Mandelbutter

Topping

½ Banane,
1 EL Haselnüsse,
1 Stück Zartbitterschokolade,
1 EL Kokoschips, 1 TL Sesam

Zubereitung *ca. 10 Min.*

1. Banane schälen und klein schneiden. Haselnüsse grob hacken. Banane, Haselnüsse, Haselnussmilch, Kakaopulver und Mandelbutter in einen Mixer geben und kräftig durchmixen.

2. Für das Topping Banane schälen und in Scheiben schneiden. Haselnüsse und Schokolade hacken. Smoothie in eine Schüssel füllen und mit Bananenscheiben, Haselnüssen, Schokolade, Kokoschips und Sesam garnieren.

CRANBERRY-BANANEN-BOWL

Zutaten für 1 Portion

Smoothie

100 g Cranberrys,
1 Banane,
150 ml Mandelmilch

Topping

einige Cranberrys, einige Brombeeren,
1 EL gehackte Schokolade,
1 EL gehackte Haselnüsse,
1 EL gemahlene Mandeln

Zubereitung *ca. 10 Min.*

1. Cranberrys waschen und trocken tupfen. Banane schälen und klein schneiden. Beeren, Banane und Mandelmilch in einen Mixer geben und kräftig durchmixen.

2. Für das Topping Cranberrys und Brombeeren waschen und trocken tupfen. Smoothie in eine Schüssel füllen und mit Beeren, Schokolade, Haselnüssen und Mandeln dekorieren.

ERDBEER-BOWL MIT CHIASAMEN

Zutaten für 1 Portion

Smoothie

200 g Erdbeeren,
1 EL Chiasamen,
150 ml Milch,
1 EL Mandelbutter

Topping

einige Himbeeren, einige Heidelbeeren,
½ Banane, 1 TL Schokochips, 1 EL Pistazien,
einige Kokoschips, 1 TL Chiasamen

Zubereitung *ca. 10 Min.*

1. Erdbeeren waschen, putzen und halbieren. Chiasamen für ca. 15 Minuten in Milch quellen lassen. Erdbeeren, Chiamilch und Mandelbutter in einen Mixer geben und kräftig durchmixen.

2. Für das Topping Himbeeren und Heidelbeeren waschen und trocken tupfen. Banane schälen und in Scheiben schneiden. Smoothie in eine Schüssel füllen und mit Beeren, Bananenscheiben, Schokochips, Pistazien, Kokoschips und Chiasamen garniert servieren.

Overnight Oats

PRAXIS-TIPP

Wer es morgens besonders eilig hat, muss nicht zwangsläufig auf ein gesundes Frühstück verzichten. Mit Overnight Oats, also über Nacht eingeweichten Haferflocken, zaubert man innerhalb von wenigen Minuten eine ballaststoffreiche und sättigende Morgenmahlzeit. Dabei gilt die Faustregel: 50 Gramm Haferflocken mit 120–150 Milliliter Flüssigkeit vermischen und abgedeckt in den Kühlschrank stellen. Als Flüssigkeit kann je nach Geschmack Milch, Wasser oder Pflanzenmilch verwendet werden. Am nächsten Morgen die Overnight Oats mit frischen Früchten garnieren und servieren.

KOKOS-BANANEN-BOWL

Zutaten für 1 Portion

Smoothie

*1 Banane, 1 Handvoll Heidelbeeren,
2 EL Haferflocken,
1 EL Kokosraspel,
150 g Kokosmilch*

Topping

*½ Banane, einige Heidelbeeren,
1 Stängel Minze, 1 EL getrocknete Cranberrys,
1 EL Granola, 1 EL Kokoschips,
1 TL Chiasamen*

Zubereitung *ca. 10 Min.*

1. Banane schälen und klein schneiden. Heidelbeeren waschen und trocken tupfen. Banane und Heidelbeeren mit Haferflocken, Kokosraspeln und Kokosmilch in einen Mixer geben und kräftig durchmixen.

2. Für das Topping Banane schälen und in Scheiben schneiden. Heidelbeeren waschen und trocken tupfen. Minze waschen und trocken schütteln. Smoothie in eine Schüssel geben und mit Bananenscheiben, Heidelbeeren, Minze, Cranberrys, Granola, Kokoschips und Chiasamen dekorieren.

BROMBEER-BOWL MIT MÜSLI

Zutaten für 1 Portion

Smoothie

150 g Brombeeren,
1 Banane,
150 ml Milch,
1 EL Mandelbutter

Topping

einige Brombeeren,
einige Heidelbeeren,
3 EL Nuss-Müsli

Zubereitung *ca. 10 Min.*

1. Brombeeren waschen und trocken tupfen. Banane schälen und klein schneiden. Beeren, Banane, Milch und Mandelbutter in den Mixer geben und kräftig durchmixen.

2. Für das Topping Brombeeren und Heidelbeeren waschen und trocken tupfen. Smoothie in eine Schüssel füllen und mit Beeren und Müsli garnieren.

ERDNUSSBUTTER-BANANEN-BOWL

Zutaten für 1 Portion

Smoothie

1 Banane,
2 EL Erdnussbutter,
1 TL Kakaopulver,
200 ml Mandelmilch

Topping

½ Banane,
1 EL gehackte Zartbitterschokolade,
1 EL Erdnüsse,
1 TL Kokosraspel

Zubereitung *ca. 10 Min.*

1. Banane schälen und klein schneiden. Banane mit Erdnussbutter, Kakaopulver und Mandelmilch in den Mixer geben und gut durchmixen.

2. Für das Topping Banane schälen und in Scheiben schneiden. Smoothie in eine Schüssel füllen und mit Bananenscheiben, Schokolade, Erdnüssen und Kokosraspeln garnieren.

HEIDELBEER-KEFIR-BOWL MIT FEIGEN

Zutaten für 1 Portion

Smoothie

100 g Heidelbeeren,
1 Banane,
100 g Kefir,
100 ml Kokosmilch

Topping

einige Heidelbeeren,
1 Feige,
1 EL Walnüsse,
1 TL Kokosraspel

Zubereitung *ca. 10 Min.*

1. Heidelbeeren waschen und trocken tupfen. Banane schälen und in Stücke schneiden. Beeren, Banane, Kefir und Kokosmilch in einen Mixer geben und kräftig durchmixen.

2. Für das Topping Heidelbeeren waschen und trocken tupfen. Feige waschen und in Scheiben schneiden. Smoothie in eine Schüssel geben und mit Heidelbeeren, Feigenscheiben, Walnüssen und Kokosraspeln dekorieren.

CHIA-PUDDING MIT HEIDELBEEREN

Zutaten für 2 Portionen

Pudding

1 Vanilleschote,
6 EL Chiasamen,
400 ml Reismilch

Topping

100 g Heidelbeeren,
1 TL Honig,
1 Banane,
einige Trauben

Zubereitung *ca. 10 Min. + ca. 12 Std. Ziehzeit*

1. Vanilleschote längs aufschneiden und Vanillemark mit dem Messer herauskratzen. Für den Pudding am Vortag Chiasamen und Vanillemark mit Reismilch vermischen. Über Nacht im Kühlschrank quellen lassen.

2. Für das Topping Heidelbeeren waschen, trocken tupfen und einige Beeren für die Dekoration beiseitestellen. Restliche Beeren pürieren und mit Honig süßen. Banane schälen und in Scheiben schneiden. Trauben waschen und trocken tupfen.

3. Chia-Pudding auf zwei Schüsseln verteilen. Mit Heidelbeerpüree, Heidelbeeren, Bananenscheiben und Trauben dekorieren und servieren.

ACAI-BOWL MIT BANANE

Zutaten für 1 Portion

Smoothie

150 g Heidelbeeren, 1 Banane,
100 ml Mandelmilch,
100 g Joghurt, 1 TL Acai-Pulver

Topping

½ Banane,
einige Heidelbeeren,
1 TL Chiasamen

Zubereitung *ca. 10 Min.*

1. Heidelbeeren waschen und trocken tupfen. Banane schälen und klein schneiden. Beeren, Banane, Mandelmilch, Joghurt und Acai-Pulver in einen Mixer geben und kräftig durchmixen.

2. Für das Topping Banane schälen, in Scheiben schneiden und Scheiben halbieren. Heidelbeeren waschen und trocken tupfen. Smoothie in eine Schüssel füllen und mit Banane, Beeren und Chiasamen garniert servieren.

BIRNEN-JOGHURT-BOWL

Zutaten für 1 Portion

Smoothie

2 Birnen, 1 Banane,
150 g Joghurt,
½ Vanilleschote

Topping

½ Banane,
1 EL Walnüsse,
1 TL Leinsamen

Zubereitung *ca. 10 Min.*

1. Birnen waschen, vierteln, vom Kerngehäuse befreien und klein schneiden. Banane schälen und in Stücke schneiden. Vanilleschote längs aufschneiden und Vanillemark mit dem Messer herauskratzen. Obst, Joghurt und Vanillemark in den Mixer geben und kräftig durchmixen.

2. Für das Topping Banane schälen und in Scheiben schneiden. Walnüsse grob hacken. Smoothie in eine Schüssel füllen und mit Bananenscheiben, Walnüssen und Leinsamen garnieren.

SCHOKO-MANGO-BOWL

Zutaten für 1 Portion

Smoothie

1 kleine Mango,
1 Banane,
1 EL Kakaopulver,
100 ml Milch

Topping

1 EL getrocknete Maulbeeren,
1 EL Haferflocken,
1 TL gehackte Zartbitterschokolade,
1 TL Sesam

Zubereitung *ca. 10 Min.*

1. Mango schälen, Fruchtfleisch vom Kern schneiden und würfeln. Einige Mangowürfel für das Topping beiseitestellen. Banane schälen und klein schneiden. Mango, Banane, Kakaopulver und Milch in einen Mixer geben und kräftig durchmixen.

2. Smoothie in eine Schüssel füllen und mit Mangowürfeln, Maulbeeren, Haferlocken, Schokolade und Sesam garniert servieren.

OVERNIGHT OATS MIT HEIDELBEEREN

Zutaten für 1 Portion

Overnight Oats

½ Vanilleschote,
50 g Haferflocken,
150 ml Hafermilch

Topping

1 Banane,
einige Heidelbeeren,
1 EL Kürbiskerne,
1 TL Chiasamen

Zubereitung *ca. 5 Min. + ca. 12 Std. Ziehzeit*

1. Am Vortag Vanilleschote längs aufschneiden und Mark mit einem Messer herauskratzen. Haferflocken, Hafermilch und Vanillemark gut miteinander verrühren und in den Kühlschrank stellen.

2. Für das Topping Banane schälen und in Scheiben schneiden. Heidelbeeren waschen und trocken tupfen. Overnight Oats aus dem Kühlschrank nehmen und mit Bananenscheiben, Heidelbeeren, Kürbiskernen und Chiasamen garnieren.

MATCHA-KOKOS-BOWL

Zutaten für 1 Portion

Smoothie

1 Banane,
1 TL Matcha-Pulver,
1 EL Kokosraspel,
200 ml Kokosmilch

Topping

1–2 Erdbeeren,
1 EL Mandeln,
1 EL Kokoschips,
1 TL Chiasamen

Zubereitung *ca. 10 Min.*

1. Banane schälen und klein schneiden. Zusammen mit Matcha-Pulver, Kokosraspeln und Kokosmilch in den Mixer geben und kräftig durchmixen.

2. Für das Topping Erdbeeren waschen, putzen und in Scheiben schneiden. Smoothie in eine Schüssel füllen und mit Erdbeerscheiben, Mandeln, Kokoschips und Chiasamen garnieren.

PFIRSICH-BOWL MIT HAFERFLOCKEN

Zutaten für 1 Portion

Smoothie

2 Pfirsiche,
½ Banane,
2 EL Haferflocken,
150 ml Mandelmilch

Topping

½ Banane,
1 EL Haferflocken,
einige Walnüsse,
1 EL Pistazien

Zubereitung *ca. 10 Min.*

1. Pfirsiche waschen, halbieren, entsteinen und klein schneiden. Einige Pfirsichspalten für das Topping beiseitestellen. Banane schälen und ebenfalls klein schneiden. Obst, Haferflocken und Mandelmilch in einen Mixer geben und kräftig durchmixen.

2. Für das Topping restliche Banane in Scheiben schneiden. Smoothie in eine Schüssel füllen und mit Bananenscheiben, Pfirsichspalten, Haferflocken, Walnüssen und Pistazien garnieren.

Trockenfrüchte

Früchte selber trocknen geht ganz leicht und braucht nur einen Backofen und etwas Geduld. Trockenobst eignet sich hervorragend zum natürlichen Süßen von Smoothies und wirkt sich positiv auf die Verdauung aus. Man kann die getrockneten Früchte im Smoothie mitpürieren oder als Topping verwenden. Beim Trockenvorgang mit dem Backofen sollte dieser immer einige Zentimeter geöffnet sein, damit die Feuchtigkeit entweichen kann.

Cranberrys und **Datteln** bekommt man fast nur im getrockneten Zustand und kaum frisch im Handel. Auch sie eignen sich hervorragend für Smoothies und Toppings.

Um **Feigen** zu trocknen, werden diese erst gründlich gewaschen, halbiert und mit der Schnittfläche nach oben auf ein mit Backpapier belegtes Blech gelegt. Bei 60 °C bleiben sie je nach Größe zwischen 8 und 12 Stunden im Backofen, bis sie komplett durchgetrocknet sind.

Um **Trockenaprikosen** herzustellen, werden diese zuerst gewaschen, halbiert, entsteint und dann von innen nach außen gestülpt. Auf einem mit Backpapier belegten Blech kommen sie dann für ca. 12 Stunden in den auf 70-80 °C vorgeheizten Backofen.

Trockenpflaumen werden wie Trockenaprikosen hergestellt. Sie zeichnen sich durch einen besonders intensiven Geschmack aus und eignen sich sehr gut zum Süßen.

Um **Rosinen** herzustellen, verwendet man am besten kernlose Trauben. Diese werden auf einem mit Backpapier belegten Blech verteilt und bleiben bei ca. 50 °C ungefähr 4 Stunden im Backofen.

REZEPTREGISTER

Bildnachweis

Shutterstock: 2 li. sarsmis; 2 re. ILEISH ANNA; 3 li. Alena Haurylik; 3 re. Elena Shashkina; 5 casanisa; 6 Irina Meliukh; 8 InesBazdar; 10 o. li. Luna Vandoorne; 10 o. re. Lucky Business; 10 u. Monkey Business Images; shutterstock_396740212.jpg12 lola1960; 13 li. Jarvna; 13 re. Tatiana Mihaliova; 14 li. Timmary; 14 re. MaraZe; 16 li. baibaz; 16 M. Olga Bondarenko; 16 re. goodmoments; 17 li. margouillat photo; 17 re. Africa Studio; 21 Elena Shashkina; 23 o. li. Africa Studio; 23 o. re. Elena Shashkina; 23 u. li. GooDween123; 23 u. re. Valentyn Volkov; 24 li. Valentyn Volkov; 24 re. HandmadePictures; 25 o. li. wavebreakmedia; 25 o. re. Luis Echeverri Urrea; 25 M. li. Bildnummer:152360780; 25 Mi. re. Diana Taliun; 25 u. li. Ollinka; 25 u. re. iprachenko; 27 Marina Shanti; 29 o. li. Nickola_Che; 29 o re. Quanthem; 29 u. iuliia_n; 30 re., li Ievgeniia Maslovska; 33 o. li. Alliance; 33 o. re. Amallia Eka; 33 u. li. AlenaKogotkova; 33 u. re. Gayvoronskaya_Yana; 35 Alena Haurylik; 37 o. li. unverdorben jr; 37 o. re. MaraZe; 37 u. li. Syda Productions; 37 u. re. Sea Wave; 39 Nataliya Arzamasova; 41 o. li. Oxana Denezhkina; 41 o. re. sumikophoto; 41 u. li. Yeko Photo Studio; 41 u. re. sarsmis; 43 Alena Haurylik; 44 o. li. Kritsada Namborisut; 44 o. re. JASON TENCH; 44 u. Bozhena Melnyk; 45 li. MSPT; 45 re. Shebeko; 46 li. Amallia Eka; 46 M. Gita Kulinitch Studio; 46 re. Christian Jung; 49 o. li. LMproduction; 49 o. re. Eugenia Lucasenco; 49 u. Oksana Mizina; 51 Brent Hofacker; 53 o. li. sarsmis; 53 o. re. Alphonsine Sabine; 53 u. Mocha.VP; 55 Vorontsova Anastasiia; 57 o. Elena Shashkina; 57 u. li. Ruslan Mitin; 57 u. re. natashamam; 58 Fominayaphoto; 61 Africa Studio; 63 Amallia Eka; 65 Svetlana Verbitckaia; 69 Alena Haurylik; 71 ILEISH ANNA; 73 o. li. Sofia Sophie; 73 o. re. Anna Mente; 73 u. Stolyevych Yuliya; 74 li. kps123; 74 re. Ekaterina Kondratova; 75 o. li. tamayura; 75 o. re. strelka; 75 M. li. ElenaMorozova; 75 M. re. kostrez; 75 u. li tee262; 75 u. re. Heike Rau; 77 Elena Veselova; 79 o. Nataliya Arzamasova; 79 u. li. Aleksandra Kovac; 79 u. re. Ataly; 81 margouillat photo; 83 o. li. Suslik1983; 83 o. re. Ollinka; 83 u. otarikokojevs; 84 li. Gayvoronskaya_Yana; 84 M. Daria Medvedeva; 84 re. Evlakhov Valeriy; 86 o. li. Oksana Mizina; 86 o. re. Igor Palamarchuk; 86 u. Syomao; 87 li. Ksu Shachmeister; 87 re. casanisa; 89 Evgenia Eliseeva; 90 li. Yulia Furman; 90 M. id-art; 90 re. Bochkarev Photography; 93 o. li. Hrynevich Yury; 93 o. re. Evgenia Eliseeva; 93 u. Anna_Pustynnikova; 95 Vorontsova Anastasiia; 97o. li. Karaidel; 97 o. re. Elena Veselova; 97 u. Iakov Filimonov; 99 casanisa; 101 o. li. Gayvoronskaya_Yana; 101 o. re. Ad Oculos; 101 u. Elena Shashkina; 103 o. li. Thomas Klee; 103 o. re. Elena Shashkina; 103 u. li. Sutichak; 103 u. re. TTL media; 104 li. JeniFoto; 104 re. Marie C Fields; 107 o. li. MAHATHIR MOHD YASIN; 107 o. re. Elena Shashkina; 107 u. GoncharukMaks; 108 Kostiantyn Fastov; 113 Barbara Dudzinska; 115 o. Elisabeth Coelfen; 115 u. li. Diana Taliun; 115 u. re. marysckin; 117 ILEISH ANNA; 118 li. grafvision; 118 re. ADELART; 119 o. li. Looker_Studio; 119 o. re. Diana Taliun; 119 M. li. Gayvoronskaya_Yana; 119 M. re. Piotr Krzeslak; 119 u. li. Eva Gruendemann; 119 u. re. Brent Hofacker; 121 o. li. Shebeko; 121 o. re. margouillat photo; 121 u. li. Vladislav Nosik; 121 u. re. Sunny Forest; 122 li. Vorontsova Anastasiia; 122 M. Looker_Studio; 122 re. AS Food studio; 125 vm2002; 127 o. li. baibaz; 127 o. re. sarsmis; 127 u. li. AnjelikaGr; 127 u. re. Liliya Kandrashevich; 129 Vorontsova Anastasiia; 131 o. li. Simone van den Berg; 131 o. re. Jarvna; 131 u. li. Yulia Grigoryeva; 131 u. re. FPWing; 132 o. li. JeniFoto; 132 o. re. Geo-grafika; 132 u. showcake; 133 li. vm2002; 133 re. margouillat photo; 135 Elena Veselova; 137 o. li. Dawn Balaban; 137 o. re. Signe Leth; 137 u. li. Oksana Mizina; 137 u. re. Rock and Wasp; 138 li. Sea Wave; 138 re. zefirchik06; 141 JeniFoto; 143 o. li. Madlen; 143 o. re. CatchaSnap; 143 u. li. kasha_malasha; 143 u. re. Pohosian Hrant; 145 ILEISH ANNA; 146 li. Luis Echeverri Urrea; 146 M. Amallia Eka; 146 re. Evlakhov Valeriy; 149 o. li. Wiktory; 149 o. re. MaraZe; 149 u. li. AnjelikaGr; 149 u. re. AlenKadr; 151 Yuliya Gontar; 153 o. li. Inge K.; 153 o. re. JRP Studio; 153 u. Elena Veselova; 155 Barbara Neveu; 156 margouillat photo; Cover: Vorderseite: o. li. MaraZe, o. M. oriori, o. re. Dolgikh, M. o. li. Etorres, M. o. re. Marisa Lia, M. u. li Jagodka, M. u. re. jultud, u. li. margouillat photo, u. M. MaraZe, u. re. MaraZe; Rückseite: o. ANTONIO TRUZZI, u. Christian Jung

Impressum

www.garant-verlag.de

ISBN 978-3-7359-0262-7

Komplettproducing: twinbooks, München
Text und Lektorat: Sarah Herhut, Eva Hutter, Melanie Goldmann für twinbooks, München